Pour Alexia

*Il y a des jours où Alfred est insupportable
et d'autres jours où il est vraiment très gentil.*

Adaptation de Marie-France Floury

Conforme à la loi n° 49.956 du 16 juillet 1949
sur les publications destinées à la jeunesse
Édition française © Éditions Nathan (Paris-France), 1993
© 1993 Walker Books Ltd, Londres
Illustrations © Virginia Miller
N° d'éditeur : 10044685 - ISBN : 2-09-210708-9
Dépôt légal : juin 1998
Imprimé à Hong Kong

VA AU LIT, ALFRED !

Virginia Miller

NATHAN

Il est tard et Papa va coucher Alfred.
« C'est l'heure d'aller au lit, Al, » dit Papa.
« Nan ! » dit Alfred.

« **Brosse-toi les dents et va au lit,** » dit Papa.

« Nan ! » répond Alfred.

« Tu as fini, Al ? » demande Papa.

« Nan ! » répond Alfred en colère.

« Allez, Alfred, on va au lit, » dit Papa.
« Nan ! » dit Alfred.

« Nan, nan, nan, nan,

et NAN ! » dit Alfred.

dit Papa avec sa grosse voix.

Alors Alfred se met au lit. Il pouffe,

il gigote,

il fait des coucou !

et des guili-guili !

des gros câlins...

et puis des énormes câlins !

Il se glisse au creux de son lit

et pousse un gros soupir.
« Bonne nuit, Alfred, » dit Papa.

« **Nan,** » répond Alfred, doucement.

Il bâille fort, ferme les yeux...

et il s'endort.